해파랑 헌화가

최해춘 시집

서정시학 시인선 232

서정시학

바다를 벗 삼아 걸어가는 해파랑 바닷길

높은 바위 꽃 그림자

기다림도 한이 되어 투신하는 꽃

저 꽃 받아주오, 파도에 실려 가는 한 송이 외로운 꽃
　　　　　　　　　　　　　　　—「해파랑 헌화가」

서정시학 시인선 232

해파랑 헌화가

최해춘 시집

서정시학

시인의 말

풀잎에 맺힌 이슬 한 방울
하늘을 품듯

짧은 시 한 편에
마음을 담아내고 싶었습니다.

사행시마저 길다고
느껴질 때면
침묵으로 시를 대신하겠습니다.

2025년 초여름

차 례

시인의 말 | 5

1부

블랙독 | 13
러브버그 | 14
반구대 암각화 | 15
에밀레종 | 16
애기동백 | 17
별빛, 감은사 | 18
해파랑 헌화가 | 19
산동네 | 20
싸리꽃 | 21
애기똥풀 | 22
말벌집 | 23
조각달 | 24
검은 물잠자리 | 25
호박죽 | 26
그 해 겨울, 1973 | 27

2부

서글픈 택배 | 31
참새들의 저녁 | 32
지심도 | 33
백로 | 34
서라벌의 밤 | 35
겨울, 주산지 | 36
바람과 바람 | 37
산벚나무 | 38
버드나무 숲길의 넙치 떼 | 39
족두리꽃 머리에 이고 | 41
여생餘生의 바다 | 42
아름다운 간판들 | 43
선돌과 노송 | 44
검결劍訣 | 45
출항 | 46

3부

수양매 | 49

메밀밭 | 50

앵무가 | 51

혜통스님 | 52

절해고도 | 53

박쥐 | 54

처처불상 | 55

귀향 | 56

사랑채 | 57

작은 방 삼촌 | 58

망모와 모란꽃 | 59

고라니 급식 | 60

달빛 주단 | 61

직박구리 | 62

느릅나무 목젖 | 63

4부

가을에 쓰는 편지 | 67
껍데기들 | 69
설중매 | 70
목어 | 71
상현달과 소쩍새 | 72
먼 눈짓 너머 | 73
감꽃목걸이 | 74
선인장 | 75
금장낙안金丈落雁 | 76
만어사 물고기 염송 | 77
K역을 스치며 | 78
1909. 10. 26. | 79
사람아, 비가 온다 | 80
까치와 고택 | 81
봄날, 화엄경 | 82

해설 | 우리네 심성에 척척 안겨드는 농축된 서정과 서사 | 이경철 | 83

1부

블랙독*

짖지마라, 나의 검은 개

지난 삶의 흔적에 빠져 허둥대는 겁먹은 눈동자

달그림자 같은 고통에 빠졌네

내 마음 속 우울을 먹고 사는 얄궂은 동행

---

* 블랙독 : 우울증을 칭하는 단어로 통용되고 있음.

러브버그

단 하나의 이유로만 살아야하는 러브버그

삶은 지독한 사랑뿐

원초적 체위 한 몸으로 결합하여 죽음까지 가는 길

거짓 세상에 펼쳐지는 사랑의 축제

반구대 암각화*

거대한 고래의 몸통을 수 천 년 간 해체하고 있는

선사시대 사람들

고래를 잡아 놓고 흥겨웠던 잔치 아직 끝나지 않았는데

반구천 물길따라 사라지는 고래들

---

* 선사시대에 새겨진 것으로 알려진 울산 반구대 암각화는 하구에 설치된 댐의 영향으로 식별 가능한 그림이 300여 점에서 최근 30여 점으로 줄어들고 있음.

에밀레종

끊어질 듯 이어지며 휘돌아 가라앉는 소리

비천상 소매자락 춤사위 펄럭일 때

실핏줄까지 팽팽하게 당겨 사바까지 퍼지는 맥놀이 가락

천 년 전 오늘 천 년 후도 오늘

애기동백*

돌하르방 가슴에서 산산이 부서지는 휘파람

동백꽃처럼 숨진 영혼 숨비소리

할망할방어망아방삼춘덜 애기동백 살피옵서

잊혀진 주검 위에 다시 피는 애기동백

---
* 동백꽃: 제주 4.3사건의 상징 꽃.

별빛, 감은사

폐사지 절터 감은사지 석탑

해풍 불어오면 부왕을 알현하듯 고개 숙이던

금당 소나무 열반에 들던 밤

옥개석 끝 별빛에 아롱지는 해룡의 눈물

해파랑 헌화가

바다를 벗삼아 걸어가는 해파랑 바닷길

높은 바위 꽃 그림자

기다림도 한이 되어 투신하는 꽃

저 꽃 받아주오, 파도에 실려 가는 한 송이 외로운 꽃

산동네

솔가지 얼기설기 산비둘기 집에는

포름한 알 세 개

엄마가 일 나간 산 1번지 언덕 집

오손도손 삼 남매

싸리꽃

외진 산길 싸리꽃 피었네

송홧가루 내려앉은 이파리 바람에 흔들리네

싸릿대 회초리 종아리 칠 때

어린 가슴 감싸주던 무명치마 할머니

애기똥풀

새벽별 지고 져도 잠 못 드는 암자

옹이가 된 속세의 인연

여승의 염불 소리 어둠을 적실 때 쓸쓸한 돌무덤가

저승에서 노랗게 피어나는 꽃

말벌집

오메, 저 달 좀 보소!

수만 마리의 말벌들 하늘을 배경으로 지은 집

보름달이 된 적멸의 자리

종족 번식 대업을 이루고 있는 말벌들의 궁궐

조각달

운해 위에 떠 있는 조각달

그믐처럼 저물고 있는 마을을 기웃대고 있다

허물어진 빈집 짖어대는 개

여명에 실려 온 빛살 조각달 멀리 밀어내는 아침

검은 물잠자리

통곡소리 가둬 놓은 시골마을 외진 곳

귀신이 살고 있다는 상엿집

햇살에 실려 온 검은 물잠자리 사라진 틈새

한 줄기 빛 속 꿈꾸듯 앉아 있는 선인

호박죽

바지랑대 잠자리 까닥까닥 졸고 있는 오후

빈 마당 소복한 햇살

흙담 위 늙은 호박 맛있게 익었는데

저녁은 언제 오나, 더딘 걸음 낮달 배고픈 소년

그 해 겨울, 1973

추위와 싸우며 냉골기도로 뒤척이던 소년의 방

뼛속을 파고들던 외로움은 덤

시린 어깨 누르며 그믐으로 기울던 낯선 곳의 달

눈물의 벗 묵은 시 한 편

2부

서글픈 택배

앞산 소쩍새 소쩍소쩍 울던 날 밤
가랑잎 같은 몸 가누며
할매는 빈 집으로 돌아왔다
희미해진 정신은 삭은 빨랫줄 마냥 위태하지만
효심 많은 자식들 사그랑주머니 된 홀어미 모신다며
수건돌리기 하듯 데리고 다닐 때
어미보다 귀한 대접 받던 인감도장은 이 손 저 손
멱살 잡힌 채 끌려 다녔고
잡초만 무성해진 논밭들
아웅다웅 명의 다툼에 망연자실이다
 삭은 빨랫줄에 매달려꼬이고 얽히며 펄럭거리는 자식들
 그래도 평생 살던 집이 편할 거라며
 택배처럼 빈 집으로 돌려보내진 할매
 밤이 깊어도 할매 방에는 불이 켜지지 않았는데
 초저녁 울던 소쩍새
 끝끝내 목이 메어 울음을 멈추었다

참새들의 저녁

전깃줄 위 줄지어 앉은 참새들 넋을 잃은 듯
해 저무는데 갈 곳이 없다
서로 날개 비비며 잠을 청하던 대나무 숲
통째 사라져버렸다
대나무만 베어내려 했던 톱날은
참새들 잠자리까지 무심코 베어 버렸다
흔들리는 전깃줄 여린 발로 움켜쥐고
허공을 응시하고 있는
전깃줄 위 참새들의 저녁이 먹먹하다
쫓겨난 철거민처럼
허공에서 날개 접은 참새들
웅크린 모습 그대로 멍 자국되어
하늘에 꾹욱꾹욱 새겨질까 두려운 저녁이다

지심도

남쪽 바다에 네 이름을 묻었다

파도가 기웃대며 쉴 새 없이 다녀가는 동안

송이송이 꽃이 된 그리움

청아해서 더 서러운 동박새 노랫소리

해풍에 씻겨 갈 때

차갑게 식어가는 심장에서 동백꽃 툭, 목을 꺾었고

꽃그늘 아래 선혈만 낭자했다

지심도 꽃그늘에 내 마음도 묻었다

백로

볏논에 서서 먼 하늘 쳐다보는 백로 한 마리
논일하다 허리 펴는 농부를 닮았다
다랑논에 엎어진 농부는 온종일 맨손으로
논바닥 긁다 백로처럼 허리를 펴 하늘을 봤다
뻐꾹새 울음 호젓했던 다랑논
베적삼에 하얀 소금꽃 피워내던 농부는
다랑논 찾아온 백로 벗 삼아
막걸리 한 사발 왕소금 안주 삼아 허기를 달랬다
가을걷이 마친 날 장리빚 갚고 나면
보름달도 빈 쌀포대처럼 홀쭉해 보인 산마루
올망졸망 산앵두 같던 자식들
산꿩처럼 멀리 아주 멀리서 안부 전하는지
꿩꿩 소리 자꾸 귓전을 맴돈다
백로가 떠나기 전 묵답 된 다랑논에 지관 모시고
꼭 한 번 다녀오리라 생각하는
늙은 농부 벼논에 백로 한 마리 외발로 서 있다

서라벌의 밤

경주박물관 뜰 배롱나무 층층 꽃을 피우고
우듬지에 별 하나 뜨면
뜰에는 꽃탑 하나가 완성되었다
들풀도 여기저기 꽃을 피우며 불국정토 펼쳐지는 밤
풀벌레 맨몸으로 탁발 나선다
옥개석처럼 펼쳐진 풀잎 곡옥같은 이슬 맺힐 때
동궁 밖 월지에는
연꽃들 무리 지어 피고 있다
처연한 별빛 남산 자락 절터마다
탑돌이 나서면
천 년을 달려온 천마는
남산 마애불 발밑에서 가쁜 숨을 고른다
어둠 잠긴 경주박물관
고선사 삼 층 석탑도 에밀레 비천상도 별빛에 젖고
목 없는 부처님 염송 외고 있건만
묵언 수행중인 에밀레종
경주박물관 뜰에 잠긴 서라벌의 밤 깊어만 진다

겨울, 주산지

잔잔한 가을 호수가 너의 눈동자에서
길을 잃고 방황할 때
나는 차가운 바람 속으로 밀려가고 있었다
들국화 향기 곱던 길에서
잡은 손 놓지 않으려 걸음 늦추었지만
싸늘하게 돌아서던 가을
기어코 들국화 목을 꺾어버리고 갔다
너를 기다리던 나는
얼음장 속에서 선 채로 잠들어 있다
호수에 무늬지던 계절은
너의 눈동자 속에서 지워져 버렸고
겨울밤보다 더 깊어진 기다림만 남아 있다
들국화 향기 사라지고
아픈 사랑만 안고 겨울잠에 든 나는
꿈결 갈피마다 아직도
너의 자리 넉넉하게 비워두고 있다

바람과 바람

들판을 건너온 바람 높은 산 아래서 숨을 고른다

여기저기서 달려온 바람과 바람
팔짱 끼고 심호흡 나누며 단숨에 산을 오른다

가시덤불 수직 절벽 뛰어넘으며 가쁜 숨 몰아쉰다

뒤 따라 온 바람 등을 밀어준다

산에 기대어 살던 사람들
산그늘 훌훌 벗어던지고 한 줄기 바람 되어 함께 산을 넘는다

산벚나무

폐사지 목탑처럼 절 마당에 덩그러니 남아
밤이면 별을 보고
낮이면 해를 보고
바람 불면 흔들흔들 무념무상 산벚나무

봄이 오면 온몸 가득 꽃을 피워
꽃탑 만들고
사나흘 꽃 잔치 끝나면
봄눈 같은 꽃잎들 툴툴 털어버린 채 또 다시 묵언

비가 오면 비를 맞고
눈이 오면 눈을 맞고
해탈에 이른 듯 세상사 초월한 듯 서 있는 산벚나무

속세의 인연처럼 찾아오는 봄
무심히 왔다 갈 땐
목탑 같은 몸에도 잠시 꽃은 피었다 졌다

버드나무 숲길의 넙치 떼

강둑길 따라 버드나무 한가로운 숲길에 들다
이파리 하나마다
강물에 담긴 이야기 한 줄씩 반짝거린다

물은 먼 길 흘러 와 줄기를 타고
샛강 기억 퇴색시키며
걸음 멈춘 이파리에서 발원의 진심 되새기고 있다

깊은 바닷속 넙치의 허연 뱃가죽에서 강물의 지난한 여정을 읽듯
　뒤집어지는 이파리 춤사위에서
　첫걸음 떼던 물방울 하얀 발바닥을 본다

멀리서 걸어온 사람 가슴엔 숱한 바람의 상처
훈장처럼 남아 있지만
아픔도 절정에 이르면 춤사위로 흔들릴 줄 아는가 보다

강물의 마지막 춤사위를 위해
버드나무 줄기가 물관을 연다

수심 깊은 바다가 된 버드나무 숲길
뱃가죽 허연 넙치 떼 와르르 와르르 몰려다닌다

족두리꽃 머리에 이고

모진 바람 막아서며 살아 온 날들
무서리가 다녀갔고 천둥 번개 무너져 내리기도 했다

미소 짓던 날은 순간이었고
묵주 알처럼 손마디에 박혀버린 풍랑의 날들

불꽃 같던 삶 마당 가득 꽃이 되어 피는데
처연한 몸으로
바람 앞에 서 있는 사람

마당에 핀 족두리꽃 머리에 얹어 주고 싶어라

족두리꽃 머리에 이고
첫 만남 그날로 함께 가고 싶은 사람아! 내 사랑아!

여생餘生의 바다

수평선 저 멀리 밤별 쏟아지는 외진 바닷가
창 넓은 집 한 채 지어 볼래요

물안개 속 떠오르는 해를 맞으며
키 작은 굴뚝에 하얀 연기를 몽송몽송 피우며 살아 보아요

아침 햇살 껴안은 물먹은 몽돌이 드넓은 마당에서
보석처럼 빛나고
갯바위 옹두라지 여기저기서 갈매기 이웃하며 노래하는 곳

사람이 살고 있는 세상이 그리울 땐 장독 가득
밤별을 채워 놓고서
파도처럼 찾아오실 반가운 손님 온밤 지새우며 기다려도 보고

밤바람에 들려오는 바다의 속삭임
소라껍질 빈속으로 불러주는 노래에 세월 가면 가는 대로
퍼질고 사는 창 넓은 집 한 채 짓고 살아 볼까요

아름다운 간판들

포항 북부시장 횟집 골목 정겨운 이름의 간판
여럿, 눈에 띄었다

경아엄마 영이엄마 미영엄마 달수엄마
재래시장 난전 아기를 업고 회를 썰던 젊은 엄마들

포구도시가 철강도시로 몸집 키울 때
등에 업힌 아기 이름 식당 간판이 되었던가 보다

모진 추위도 회칼 하나로 썰어내며
자식 이름 뒤 바람벽으로 서 있는 엄마라는 간판

사그랑 주머니가 된 엄마들
오랜 세월 지켜온 식당은 곰삭은 모성의 마음 밭이었다

선돌과 노송

호미곶 둘레길 선돌 위 노송 한 그루
먼바다 눈길 던지고 파도 소리에 귀 기울이고 있네
몽돌 구르는 소리
갈매기 허기진 울음을 달래주네

고기잡이 나간 어부의 아내는 지아비 기다리다 노송처럼 늙어 갔네

지아비 따라가려 나선 발걸음 선돌에 기대
몽돌처럼 밤새 울던 날
외아들 같은 보름달도 발목 붙잡고 놓아주지 않았다네

호미곶 둘레길 어촌 마을 어부의 아내는
선돌 위 노송 되어
먼바다에 던진 눈길 오늘도 거두지 못하고 있네

검결 劍訣

용담정 청마루에 올라서서 바람결에 실려 오는
칼의 노래를 듣는다
계곡을 두드리는 물소리는 짓밟힌 삶을 깨워주던
경전처럼 울려 퍼지고 있다
때가 왔다고 시호시호 외치며 박차고 올라
바람을 가르던 칼의 노래는 훗날,
서릿발처럼 일어선 녹두꽃들의 함성이 되었고
유사遺詞에 갈무리된 임의 목소리
인내천人乃天을 전하며 후천개벽後天開闢을 기약하고 있다
용담정 계곡에서 퍼지는 물소리
다시 또 눈물 되어 청포淸泡를 부른다면
반란의 취당聚黨이 될지라도 용천검 높이 들고
검결의 제단 앞에 꿇어앉아
시호시호時乎時乎 이내시호時乎 부재래지不再來之시호로다!*
목을 놓아 칼의 노래 불러보리다

---

* 천도교 1대 교주이신 수운 최제우가 지은 가사중 한 편임.

출항

파도의 계곡 부표는 사라지고
항로를 잃은 하루도 물거품 되어 부서진다
휘감는 갈증과 허기는
애초 바다를 향한 출항의 이유였다
비록 오늘은 빈 배일지라도 새벽이 오면
다시 태양은 솟아 오르리
밤별 길잡이 삼아 항구를 찾아가자
젖은 옷은 무쇠난로에 널어 말리고 막걸리 한 잔으로 목을 축이자
풍랑의 바다는 잠들지 않는다
다시 바다를 향해 배를 띄우자
만선은 아니어도 좋다
해무 같은 삶 다잡아 파도에 새겨 넣으면
항로는 언제나 열릴 것이다
뱃길 따라온 갈매기 붉은 눈으로 바다를 응시하며
갑판에 앉아 출항을 기다린다

3부

수양매

여인의 치맛단 수놓은 매화꽃 나풀거릴 때면

먹물로 피운 꽃도 벌 나비를 부르는데

수양매 축축 늘어지는 날

봄바람 불면 하릴 없이 날아가는 괜한 곁눈 짓

메밀밭

뽀얀 달빛에 젖으며 익어 간 메밀

맷돌 앞에 앉은 여인 메밀밭에 숨겨놓은 옛 사랑

보름달 소문낼까

달 향해 찡끗 눈길 던지는 밤

앵무가

도래솔 우거진 능 솔바람에 실려오는 노랫소리

흥덕대왕 합장릉

천 년을 적시는 바람결 사랑노래

저 세상 끝까지 함께 가자 부르는 임의 목소리

혜통스님

가죽이 벗겨진 채 피 흘리며 돌아 온 어미 수달

어린 새끼 젖물리며 꺼져가던 숨결

불화로 머리에 인 사냥꾼

천 년을 참회해도 감당할 수 없는 모성의 은총

절해고도

꽃이 된 자식 위해 바친 한 평생

나를 위한 마지막 꽃은 피워보지도 못한 채

절해고도 요양원

소신공양하듯 불꽃 속으로 홀로 가야 할 길

박쥐

어둠 속 몸 숨긴 면벽수행 수도승

동그란 제 그림자

바위벽에 물들어 갈 때

붉은 눈[雪] 설경 속으로 사라지는 달마의 혼

처처불상

나는 개보다 못하다, 흐느끼는 지하철 노숙인

외면하는 눈길 바쁜 발걸음

우리 강아지 그래, 그래, 손 잡아 주는 할머니

눈물만 뚝뚝 흘리는 우리 곁의 부처

귀향

백발 삼천 장 노래하던 옛시인

달빛 아래 홀로 앉아

바다로 흐른 강물 다시 돌아 오지 못한다하였는데

바다보다 넓은 마당 강물같은 달빛

사랑채

댓돌 위에 앉아 있는 하얀 고무신

떠나 간 주인은 한 줌 별빛으로 마당을 거니는데

문풍지 바람소리

문고리만 흔드는 애달픈 기다림

작은 방 삼촌

뻐꾸기 알처럼 낯선 곳에 둥지 튼 자취생

낡은 사진 속 철이네 집

탁란된 알 같던 철부지 어린 몸 보살펴 주신 정

반세기 지나도 잊지 못해 올리는 절

망모와 모란꽃

고향집 마당 모란꽃 환하게 피어나던 날

꽃잎 흠뻑 적시던 비

모란꽃 지고나면 봄날도 곧 갈거라고 하시던

빗소리에 실려 오는 망모 목소리

고라니 급식

폐교 운동장 붉은 수염들

배고픈 아이들 허기 달래던 옥수수 급식

산속 고라니 찾아온 폐교

생옥수수 급식에 주린 배 따스해지는 고라니

달빛 주단

달밤 산밭을 찾아와 서성대는 산노루

짝을 찾는 눈망울

포름한 달빛 짧은 뿔로 툭툭

어둠을 밀어내며 산밭에 펼치는 달빛 주단

직박구리

모란잎 뒤 둥지에 숨어 부화한 아기새

꽃송이 봉긋 피어나던 날

마당을 가로 지르며 봄 햇살 휘젓던 직박구리

소나기처럼 쏟아지던 어미새 지저귐

느릅나무 목젖

고요한 빗소리 똑, 똑, 똑

엄동을 견뎌낸 생명들 묵은 잠 떨치며

목젖 여는 소리

촉촉하게 적셔지는 느릅나무 마른 입술

4부

가을에 쓰는 편지

도시의 가장 적막한 뒷골목 주막을 찾아
배부른 쌀푸대처럼 흙벽에 기대어 잠들고 싶다
두런두런 나누는 술꾼들 이야기
단풍 든 잎새처럼 사각거릴 때
깨진 창문가 외로운 거미가 맨 처음 새벽을 맞이하는 곳
못다 나눈 이야기 땟물 절은 탁자 위를 서성거려도
그저 술잔 속에 오도카니 그리움 담아 놓고
가을이 깊어질 때까지
아무도 내 이름 기억하지 말라고 말하고 싶다
계절이 저무는 소리
아득한 꿈결 사이로 밀려들면
캄캄한 눈보라 휘몰아쳐 골짜기를 메워버리는 산야를 찾아
 빈 가슴 안고 길을 나서고 싶다
스쳐 지나가는 풍경들 다시 거슬러 오지 않아도 좋을
 그곳에서 내 깊은 잠은 더욱 깊어져
서늘한 계절의 풍경 속에서 나도 하나의 풍경이 되고
칼날 같은 바람결에 몸을 맡기면
 잎맥부터 지워지는 나무들처럼 내 몸 하나도 지워져 갈 때

빈자리엔 다시 볕이 들고
가벼이 흩어지는 내 몸만큼 세상은 그만큼 헐거워지리라

껍데기들

몸 떠난 알맹이를 기다리던 껍데기
이제 바스러질 것 같다

마당 구석구석 바람의 손길
깊은 잠에 들었던 땅의 허물을 벗긴다

이젠, 우화를 꿈꾸는 유충의 시간
껍데기는 먼지처럼 사라져야 한다

오늘도 흙벽에 붙어
몸 떠난 알맹이를 기다리는 껍데기들 있다

설중매

　동안거 수도승 산문 나서고 탁발승 튼 발등에 꽃잎 지는데
　주지승도 마실 나간 텅 빈 절 마당

　비질하는 어린 스님
　차운 손등에 스치듯 떨어지는 설중매 한 닢

　먼 산 넘어가는 흰 구름 보며 어디로 가느냐고 묻고 물으며
　설중매 가지 아래 홀로 서 있는
　어린 스님 눈동자에 떨어질 듯 맺혀 있는 눈물 한 방울

목어

새벽별 잠 깰까 봐 깨금발로 물러나는 섣달 어둠을
대웅전 잔설이 배웅하는데
잠 없는 목어가 뱃가죽 두드리며 깨우는 새벽

법고 소리 휘감는 고요 속 산중
어간문 돌계단에 햇살 비칠 때 빈 뱃속 법문 품고
일주문 밖 먼 마을로 헤엄쳐 갔다가 돌아오는 목어

상현달과 소쩍새

나뭇가지 참새 떼 수다가 정겹다
텃밭 기웃대는 갈바람에 곱게 익는 풋대추

밭고랑 메던 호미 던져버리고 밤송이 터지는 소리 들으러 가야겠다
단감 몇 알 집어 들고 들녘에 서면
들국화 향기 속 짝지어 날아올라 멀어지는 노랑나비

한가위로 걸어가는 상현달과 벗이 된 소쩍새
외롭게 툭, 던져주는 울음
한 소절
가슴 시리도록 만져지는 가을의 속살

먼 눈짓 너머

해거름 서늘하게 몰려오는 저녁
소슬바람 헤치며 지는 해 속으로 날아가는 새
치자 향 한 모금 물고 온 여윈 날개를
포근하게 품어주는 노을빛 산마루

어룽대던 산그림자 마당을 서성일 때
두런두런 이야기 치자 꽃향기처럼 문풍지 사이로 새어 나오고
아랫목 술 단지엔 술 익는 소리
어둠을 걷어내며 졸음에 겨워하던 호롱불

초가집 처마 밑 참새들 바삐 돌아와 잠을 청해도
장에 간 아버지 오시지 않고
치자처럼 볼이 곱던 누나 생각에 서러움만 알알이 맺히는 밤
산마루에 흩어지던 별빛 조각들

감꽃목걸이

감꽃 필 때 봇짐 들고 떠나던 단발머리 어린 누님

다시 오지 못한 긴 세월

두고 간 감꽃목걸이 시들어 갈 때 함께 글썽이던 달

멈춰 선 낮달 아래 애닯게 핀 뽀얀 감꽃

선인장

온몸에 가시를 박고 살아왔어요
꽃 한 송이 피우려 담금질하던 시간이었지요

꽃대가 돋을 자리
통점이 된 지 오래였습니다

먼 곳의 사랑이여!

그대 오시는 날
박힌 가시마저 한 송이 꽃으로 피어날 것입니다

금장낙안 金丈落雁*

기러기 떼 쉬었다 가는 금장낙안

어룽대는 물결 춤사위로 풀어내는 신라 예기藝妓 장구 가락

무녀도 한 구절로 자리 잡으면

세상사 궁금한 잉어가 파다닥 물 밖으로 튀어 올라

파문을 일으키는 형산강

휘영청 밝은 달 물결 위에 스러지는 금장낙안 깊은 밤

---

* 경주를 감싸고 흐르는 형산강변 빼어난 절경으로 기러기가 쉬었다 간다 하여 금장낙안金丈落雁이라고 하며 김동리의 소설 무녀도의 배경이기도 하다.

만어사* 물고기 염송

만어사 대웅전 앞마당에서 두 손 모을 때

귓전을 때리는 파도 소리

돌이 된 물고기 떼 염송은 모두 돌 울음뿐인데

미소만 흘리는 미륵전 마애불

만 마리 물고기 떼 천 년을 엎드려 파닥거려도 넘지 못할 문지방

만어사 돌 울음에 파도 소리 철썩거린다

---

* 경남 밀양 소재 사찰. 밀양의 3대 신비 중 하나인 만어석萬漁石이 미륵전 아래 길게 형성되어 있고 만어석을 두드리면 맑은 종소리가 난다.

K역을 스치며

열차가 마지막 숨을 고르는 K역에서
나는 눈을 감았습니다
플랫 홈 한 가운데 망부석처럼 서서
하얀 손 흔들어 주던 당신
차창에 이마를 기댄 나는 마음만 남긴 채
점점 멀어지고 있었지요
추억 속 모습들이지만 수많은 시간을 밀어내고
기억의 맨 앞에 자리하고 있습니다
다하지 못한 말들과 아쉬운 몸짓 선로 위에 남기고
하염없는 날들은 기다림이 되었지요
오늘 나는 오랜만에 K역을 스쳐 가고 있습니다
그날처럼 눈앞이 흐려지는 것은
아직 못 다한 이야기가 남아있기 때문입니다
언젠가 다시 그날로 돌아갈 수 있다면
맺힌 눈물 방울방울 엮어
당신 마음 밭에 꽃으로 피어나게 할 것입니다

1909. 10. 26.

매운 겨울 강을 맨발로 건너간 사람

미친바람 몰아치는 광야에서 교활한 여우 사냥을 마치고

불꽃처럼 살아온 삶

눈꽃처럼 휘날리며 하늘에 새겨진 이름, 도마*

---

* 도마: 안중근 의사의 세례명.

사람아, 비가 온다

오늘은 비가 온다
하늘이 울고 있다는 말 하지 말자
맑은 영혼이 아파하며 어느 날부터 울고 있었다
아픈 영혼을 달래려 비가 온다
미움이 먼지처럼 쌓여 점점 멀어져 가는 사람들
함께 딛고 선 땅에 봄은 찾아왔는데
세상의 미아처럼 홀로 피고 홀로 지는 저 꽃 꽃들
사람아, 비가 온다
눈빛 나누며 마주 앉고 싶은 사람아
비 내린 텃밭에 푸성귀를 키워 너도 한 입 나도 한 입
툭툭 숨이 막히는 사람에게도
한 입 먹여 봄 같은 기운으로 나누고 싶은 웃음
오늘이 삭막한 하루였다고
내일도 삭막한 하루가 될 리는 없다
생명들에게 젖을 물리고 있는 봄비를 보라
사람아, 오늘은 비가 온다 마른 가슴을 적셔주려
사람 사는 세상에 비가 온다

까치와 고택

고목나무 우듬지 까치 부부가 제 둥지를 두고 또
새 둥지를 짓기 시작했다

동네 텃새들 모여 조잘거려도
까치는 묵묵히 쉬지 않고 삭은 가지 물어 나른다

아마 부양할 가족 더 늘어났다 보다

고목나무 아래 고택은
인적 끊어진 지 오래 허물어지고 있다

봄날, 화엄경

진달래 봄소식 전하는
화엄 같은 봄날 텃밭을 갈아엎는다

봄비 머금은 땅
부처님 귓불처럼 보들보들하다

경운기도 모처럼 생기가 돌고
텃밭은 얌전하게 쟁기 날에 몸을 맡기는데

흙 속에서 끌려 나와
허연 배 뒤집고 누워 계신 저분은 누구신가?

봄소식 꽃소식 덧없다는 듯 꽃잠에 취한 개구리
만덕을 쌓은 수도승 같다

어리석은 마음은 화엄의 봄날을 읽지 못했다

해설

우리네 심성에 척척 안겨드는 농축된 서정과 서사

이경철(시인, 문학평론가)

> 끊어질 듯 이어지며 휘돌아 가라앉는 소리//
> 비천상 소매자락 춤사위 펄럭일 때//실핏줄까지
> 팽팽하게 당겨 사바까지 퍼지는 맥놀이 가락//
> 천 년 전 오늘 천 년 후도 오늘
> ―「에밀레종」 전문

1. 가없는 우리네 삶을 응축하는 빼어난 서정

지금 베이비 부머 세대는 석기시대부터 최첨단 사이버, 인공지능 시대까지를 다 살아내고 있다. 어린 시절에는 농어촌공동체 고향에서 자연과 어우러져 살다 커서는 도회로 나와 아스팔트에서 살고 있다. 광석 라디오를 들으려 마당 앞 나뭇가지 아득한 끝에 올라 안테나 달던 시대에서 위성이 주는 정보로 살고 있다.

등잔불 밑에서 책을 읽고 연필에 침을 발라 꾹꾹 눌러쓰던 시대에서 이젠 뭐든 AI가 알려주고 써주고 해주는 시대에 접어들고 있다. 하여 문명의 속도를 따라잡기 힘들어 '나는 누구인가?' 새삼스레 물으며 인간의 정체성마저 혼란스러운 시대에 살고 있다.

이러한 때 나온 최해춘 시인의 다섯 번째 시집 『해파랑 헌화가』는 우리네 삶과 인간의 가없음을 돌려주고 있다. 수수만년 누적돼오며 우리 민족 DNA에 각인된 정서와 사상을 오늘의 삶에서 역동적으로 펼치고 있다. 때론 응축된 서정으로, 때론 한스럽고 신명 나는 서사로 오늘 우리네 삶의 뿌리와 깊이를 고스란히 보여주고 있다.

2006년 『서정시학』 신인상에 당선돼 등단한 최해춘 시인은 "정통적인 서정성에 바탕 해 한국 정서를 자기화 한다", "시상 전개가 살아 움직이듯 활발하고 시원하다"는 등의 평을 받아왔다. 민족 전래의 정서를 오늘의 삶에서 생생하게 구체화해 보여주고 있다는 것이다.

그런 최해춘 시인의 특장이 잘 드러나 맨 위에 올려놓은 시 「에밀레종」을 보시라. 제목처럼 시인이 태어나고 자란 경주에 있는 국보 '에밀레종'을 소재로 한 시다. 천여 년 전에 울렸던 종소리 그 맥놀이가 지금도 우리 실핏줄에 생생히 울리고 있다. 4행시, 그 짧은 시이면서도 천 년이란 시간과 실핏줄에서 우주에 이르는 사바세계 공간을 싸잡아 오늘의 맥놀이로 울려 퍼지게 하고 있지 않은가.

에밀레종 소리라는 청각과 종에 부조된 비천상이란 시각,

그리고 실핏줄을 흐르는 촉각 등 공감각을 긴장되게 팽팽하게 세우며 이승 저승 넘나드는 우리네 삶의 가없음을 빼어나게 서정화하고 있다. 그러면서 애간장 타는 오늘의 삶을 춤사위 펄럭이듯 가볍고도 신명 나게 날아오르게 하고 있지 않은가. 이번 다섯 번째 시집에 실린 좋은 시편들은 인간의 정체성마저 혼란스러운 오늘 우리네 삶의 뿌리를 잡아 주며 넉넉한 위안을 주고 있다.

바다를 벗삼아 걸어가는 해파랑 바닷길

높은 바위 꽃 그림자

기다림도 한이 되어 투신하는 꽃

저 꽃 받아주오, 파도에 실려 가는 한 송이 외로운 꽃
—「해파랑 헌화가」 전문

이번 시집 표제작이다. 부산에서 경주 앞바다를 거쳐 강원도 고성 최전방까지 이르는 동해안 해파랑길을 걸으며 쓴 시다. 그 바닷길에서 우리 민족 최초의 정형시인 신라시대 향가「헌화가」가 나왔다.
『삼국유사』에 따르면 신라 성덕왕 때 경주에서 강릉 태수로 부임해 가던 순정공의 부인 수로부인이 바닷가 절벽에 핀 꽃이 하도 아름다워 따줄 것을 바랐으나 아무도 나서지

않았다. 마침 그 길에 소 끌고 가던 노인이 "나를 부끄러워하지 않는다면/꽃을 꺾어 바치오리다"고 따주며 부른 노래가 「헌화가」다.

 그런 고대가요를 빌어 오늘도 바닷가 절벽에 여전하게 피어올랐다 바다로 떨어지는 꽃을 노래하고 있는 시다. 세월이 변해도 어찌해볼 수 없는 사랑과 기다림과 그리움, 외로움 등을 읊으며 인간의 항심恒心, 정체성을 드러낸 시를 이번 시집 제목으로 잡아 시집을 관통하게 했다.

>강둑길 따라 버드나무 한가로운 숲길에 들다
>이파리 하나마다
>강물에 담긴 이야기 한 줄씩 반짝거린다
>
>물은 먼 길 흘러 와 줄기를 타고
>샛강 기억 퇴색시키며
>걸음 멈춘 이파리에서 발원의 진심 되새기고 있다
>
>깊은 바닷속 넙치의 허연 뱃가죽에서 강물의 지난한 여정을 읽듯
>뒤집어지는 이파리 춤사위에서
>첫걸음 떼던 물방울 하얀 발바닥을 본다
>
>멀리서 걸어온 사람 가슴엔 숱한 바람의 상처
>훈장처럼 남아 있지만
>아픔도 절정에 이르면 춤사위로 흔들릴 줄 아는가 보다
>   ―「버드나무 숲길의 넙치 떼」 부분

바람에 휘날리고 뒤집히며 햇살에 반짝이는 버드나무 이파리에서 깊은 바닷속에서 뱃가죽 뒤집으며 노니는 넙치 떼를 보아내는 감각이 신선하고 역동적이다. 그런 감각적 이미지로 근원을 파고들고 있다. 퇴색된 기억의 고리타분한 반추가 아니라 지금 여기 생생하게 살아있는 이미지로.

샘에서 발원해 샛강을 지나 깊은 바다에 이르는 '강물의 지난한 여정'을 강물이 버드나무의 물관을 타고 올라 지금 눈앞에 뒤집히는 이파리에서 이르고 있음을 보고 있다. 나뭇잎 한 이파리에서 보는 물의 여정은 또 인간의 여정과 겹치고 있다. 그러면서 '아픔도 절정에 이르면 춤사위로 흔들릴 줄 아는가 보다'라는, 우리 민족 전래의 심성에서 나온 한과 신명이 하나가 되는 풍류의 절구를 낳고 있다.

2. 짧은 4행시에서 우러나는 깊고도 넓은 울림

폐교 운동장 붉은 수염들

배고픈 아이들 허기 달래던 옥수수 급식

산속 고라니 찾아온 폐교

생옥수수 급식에 주린 배 따스해지는 고라니
—「고라니 급식」전문

산골 폐교에 고라니가 내려와 옥수수를 따 먹는 순간을 그대로 스케치한 시다. 크로키 하듯 빠르게 그리고 있으면서도 그 순간에 시인 수십 년 전 어린 시절이 겹쳐 현재화되고 있다. 고라니와 시인의 주린 배가 하나가 되고 과거와 현재가 하나 된 서정의 시간과 공간이 생생하게 펼쳐지고 있다.

　위 시도 4행시다. 수십 행, 한 페이지 넘어 두세 쪽까지 장황하게 늘어지며 시성詩性을 잃어가며 독자들도 멀어지고 있는 근래 시단에 대한 반성인가. 요즘 들어 4행시가 부쩍 많이 눈에 들어온다.

　현대 시론가들도 합의하듯 산문이나 소설 등 다른 장르에 비해 시의 시다움은 짧은 데 있다. 그리고 '모든 좋은 시들은 다 서정시다'라고 할 정도로 서정에 있다.

　응축하고 또 침묵해야 말로 다 이를 수 없는 깊고도 넓은 서정이 우러난다는 것을 시를 써본 사람이라면 익히 알 것이다. 극히 응축된 서정시로서 시 본디로 돌아가 쉽고도 깊은 감동을 주려 4행시 붐이 일고 있다. 이번 시집에 실린 시편들도 태반이 4행시다.

　　새벽별 지고 져도 잠 못 드는 암자

　　옹이가 된 속세의 인연

　　여승의 염불 소리 어둠을 적실 때 쓸쓸한 돌무덤가

저승에서 노랗게 피어나는 꽃
—「애기똥풀」전문

이른 봄꽃 다 이울어 갈 때쯤 노랗게 피어나 산야를 덮는 애기똥풀을 소재로 한 시다. '암자', '여승', '염불' 등의 시어로 보아 불교색 짙은 시다. 잠 못 들고 새벽 훤히 밝아올 때까지 염불하는 여승과 아기를 묻은 돌무덤으로 보아 '옹이가 된 속세의 인연'이 주저리주저리 나올 법도 한데 침묵하고 있다. 대신 염불 소리에서 우리네 삶의 한 많은 이야기가 새어 나오게 하고 있다.

미주알고주알 늘어놓은 것보다 응축이 더 많은 이야기를 들려주고 있음을 실증적으로 들여다볼 수 있게 하는 시다. 이승 저승 이어지게 하며 그 두 세계와 시공을 지금 이 순간 한 곳에 묶는 깊이는 또 얼마나 깊은가. 불교를 포함한 '애기똥풀'이란 이름의 음상과 이미지에서 자연스레 우러나는 우리 전래정서로 호소하고 있기에 더 친숙하게 다가오는 시다.

꽃이 된 자식 위해 바친 한 평생

나를 위한 마지막 꽃은 피워보지도 못한 채

절해고도 요양원

소신공양하듯 불꽃 속으로 홀로 가야 할 길
—「절해고도」전문

평생 자식들 위해 모든 걸 바치는 모든 부모의 심정을 깔끔하게 보여주고 있는 시다. 위 시에도 오래전 토착화되어 민족의 심성에 밴 불교가 바탕에 깔려 있다. '소신공양', 자신의 몸을 불살라 부처님께 공양한다는.

그런 소신공양이 자식에 대한 부모의 한결같은 자세다. 그래 부모는 자식에게는 진정한 부처님, 신이 되는 것이다. 부모 떠난 뒤에야 자식들은 그것을 사무치게 깨닫지만 말이다. 그래서 늙어 병들면 부모들을 절해고도 같은 요양원에 유배 보내는 요즘 세태에 대한 반성으로도 읽히는 시다.

> 나는 개보다 못하다, 흐느끼는 지하철 노숙인
>
> 외면하는 눈길 바쁜 발걸음
>
> 우리 강아지 그래, 그래, 손 잡아 주는 할머니
>
> 눈물만 뚝뚝 흘리는 우리 곁의 부처
> ―「처처불상」전문

'처처불상處處佛像'이란 제목부터 불교적인 시다. 본디, 깨달은 사람의 눈에는 눈 앞에 펼쳐지는 모든 세상이 다 부처님으로 보인다. 부처님 형상과 불법의 이치로 보이게 마련이다.

위 시에서는 외면받는 지하철 노숙인과 반려견을 사랑하

는 할머니를 동시에 그리고 있다. 얼핏 보면 대조하고 있는 듯하지만 그렇지 않다. 불심에는 대조나 대비, 어느 한쪽 사랑이나 비난이 없다. 동시에 분별없이 본다.

그런 차별 없는 불심이 되레 위 시를 현실 의식이 더 강하게 드러난 시로도 읽히게 하고 있다. 반려견 세태에 반성을 가하며 '나는 개보다 못하다'는 소외층에 더 많은 관심과 자비를 갖게 하고 있다.

돌하르방 가슴에서 산산이 부서지는 휘파람

동백꽃처럼 숨진 영혼 숨비소리

할망할방어망아방삼춘덜 애기동백 살피옵서

잊혀진 주검 위에 다시 피는 애기동백
―「애기동백」 전문

한 이파리 한 이파리 지는 벚꽃 등 여느 꽃들과 달리 동백꽃은 꽃봉오리 전체로 떨어진다. 해서 나무 위에서 피고 떨어진 땅이나 물 위에서 다시 피는 것 같은 꽃이다. 그렇게 떨어져 바다 위에서 다시 붉게 피어오르는 동백꽃을 해녀들이 숨 가쁘게 내쉬는 '숨비소리'로 듣고 있는 공감각 시다.

'돌하르방'과 '할망 할방' 등 제주 토속어가 그대로 나와 제주도 동백을 노래한 시다. '숨진 영혼 숨비소리'와 한창 피어나다 목째로 툭 지는 '애기동백꽃' 이미지가 공감각으로 겹치며 비장한 서정을 불러일으키고 있다.

왜인가 했더니 시 밑에 딸린 각주를 보니 동백꽃은 "제주 4.3사건의 상징 꽃"이기도 하단다. 그렇게 읽으니 그때 당한 사람들을 진혼하는 시로 읽힌다. 이렇게 시인은 현실이나 역사의식을 시 속에서 표나게 드러내지 않고 서정적으로 시화하고 있다. 그래서 어떤 역사나 메시지보다 감동의 울림을 더 크게 하는 게 문학,시의 특장 아니겠는가.

3. 몸에 밴 불교와 토속적 정서가 살가운 서정과 서사

> 새벽별 잠 깰까 봐 깨금발로 물러나는 섣달 어둠을
> 대웅전 잔설이 배웅하는데
> 잠 없는 목어가 뱃가죽 두드리며 깨우는 새벽
>
> 법고 소리 휘감는 고요 속 산중
> 어간문* 돌계단에 햇살 비칠 때 빈 뱃속 법문 품고
> 일주문 밖 먼 마을로 헤엄쳐 갔다가 돌아오는 목어
> ─「목어」 전문

제목처럼 사찰 종루에 범종, 법고, 운판과 함께 걸려 예불 때 두드리는 불전사물佛殿四物의 하나인 '목어木魚'를 소재로 한 시다. 나무를 물고기 모양으로 깎아 속을 다 파낸 배를 두

드려 중생들을 깨우치는 목어를 갖고 다닐 수 있도록 작게 만든 것이 목탁이다.

그런 목어를 그리고 있기에 상당히 불교적이면서도 서정적인 시다. 특히 '깨금발로 물러나는 섣달 어둠을/대웅전 잔설이 배웅하는데'라는 구절은 어둠 가시고 새벽이 오는 절간의 고요를 어둠과 잔설의 흰 빛의 대비로 빼어나게 묘사하고 있다. 중생의 미명未明을 깨치는 이미지면서도 또 '깨금발로 물러나는' 표현에는 민족적 심성과 정감이 살갑게 묻어나고 있다.

>폐사지 목탑처럼 절 마당에 덩그러니 남아
>밤이면 별을 보고
>낮이면 해를 보고
>바람 불면 흔들흔들 무념무상 산벚나무
>
>봄이 오면 온몸 가득 꽃을 피워
>꽃탑 만들고
>사나흘 꽃 잔치 끝나면
>봄눈 같은 꽃잎들 툴툴 털어버린 채 또 다시 묵언
>
>비가 오면 비를 맞고
>눈이 오면 눈을 맞고
>해탈에 이른 듯 세상사 초월한 듯 서 있는 산벚나무
>
>속세의 인연처럼 찾아오는 봄

무심히 왔다 갈 땐
목탑 같은 몸에도 잠시 꽃은 피었다 졌다
—「산벚나무」 전문

옛 절터에 서 있는 산벚나무를 그리고 있는 시다. 무념무상 해탈한 생불처럼 산벚나무를 보고 있지만 흔들리며 사는 우리 중생의 삶도 다 그렇다는 것을 시인의 경륜이 우려낸 시로 읽힌다. 기다림 속에만 봄이 오고 가듯 아등바등 살아가는 속세의 모든 인연 또한 해탈의 도정 아니겠는가.

불교에도 해박했던 근대의 전방위 지성 최남선은 "조선 고금의 문물은 직간접 불교의 감화를 받지 않은 것이 거의 없다"고 말했듯 이번 시집에는 불교 성향의 시편들이 많다. 불교 나라 신라의 수도 경주에서 자라고 활동하고 있는 시인이기에 불교가 체화됐을 것이다. 그럼에도 불교가 들어오기 이전 우리 민족 전래의 고유 사상과 토속적 정서가 시편들에는 배 있어 더 넓고 깊고 살갑게 읽힌다.

신라시대 국제적인 최고의 지성 최치원은 "우리나라에는 예부터 전해오는 현묘한 도가 있으니 풍류라 했다"고 현전하는 우리 최고 역사서 『삼국사기』는 쓰고 있다. 최치원은 풍류를 불교, 도교, 유교 삼교를 본래부터 포괄하고 있으며 우주 만물과 접하여 교감하며 서로서로 살려내는 접화군생接化群生의 도라고 했다. 인간은 물론 우주 삼라만상과 더불어 순조롭고 신명 나게 살며 세상을 널리 이롭게 하는 단군의 홍익인간弘益人間도 풍류에 바탕하고 있다.

이번 시집에도 그런 풍류가 흐르고 있다. '비가 오면 비를 맞고, 눈이 오면 눈을 맞고, 바람 불면 흔들흔들' 자연스러운 삶을 그대로 드러내고 있다. '풍류風流'란 문자 그대로 바람 부는 대로 물 흐르듯 자연스레 사는 삶에서 우러나는 멋과 맛 아니겠는가.

    들판을 건너온 바람 높은 산 아래서 숨을 고른다

    여기저기서 달려온 바람과 바람
    팔짱 끼고 심호흡 나누며 단숨에 산을 오른다

    가시덤불 수직 절벽 뛰어넘으며 가쁜 숨 몰아쉰다

    뒤 따라 온 바람 등을 밀어준다

    산에 기대어 살던 사람들
    산그늘 훌훌 벗어던지고 한 줄기 바람 되어 함께 산을 넘
   는다
                             ―「바람과 바람」전문

산으로 불어 올라가는 바람을 의인화해 묘사해나가고 있는 시다. 그러다 마지막 연에서 그런 바람과 사람을 일치시키고 있다. 인생역정이 바람 같다는 것이다. 아니 우리네 사람이 곧 바람이라는 것이다.

천방지축 젊은 시절 히말라야 자락 라다크 명상센터에 한

열흘 머문 적이 있다. 고산지대라 산소가 희박해 숨 가쁜데도 더 높은 데로 불어가는 바람, 온통 바람 소리뿐이었다. 바람에 별들도 깜빡이며 하염없이 별똥별로 떨어지고 있었다. 그런 바람 소리와 별똥별만 열흘간 바라보자니 마지막 날 밤 별똥별이 떨어지며 소리 내 이렇게 묻는 듯했다.

"형, 나도 언제 다시 별로 뜰 수 있을까?" 그래서 "응. 다시 떠오를 거야. 돌이었다, 꽃이었다, 물고기였다, 도마뱀이었다, 한세상 돌고 돌아 다시 별이 될거야"라고 나도 모르게 대답해줬다. 그러고 나니 열흘간 한소식 하고 돌아왔다는 생각이 선불리 들기도 했다.

위 시를 보니 그때 생각이 좀 더 확연하게, 구체적으로 잡혀 온다. 세상에 본체며 본질은 없고 삼라만상 접화군생하며 다른 것으로 화化하여 윤회시키는 형상 없는 바람만이 세상의 본체요 도라고. 옛 단군조선 시대에도 한세상 잘 살다 그렇게 산속에 들어가 바람이 되고 산신령으로 돌아간다는 것이 우리 민족 전래적 생사관 아니던가.

> 도시의 가장 적막한 뒷골목 주막을 찾아
> 배부른 쌀푸대처럼 흙벽에 기대어 잠들고 싶다
> 두런두런 나누는 술꾼들 이야기
> 단풍 든 잎새처럼 사각거릴 때
> 깨진 창문가 외로운 거미가 맨 처음 새벽을 맞이하는 곳
> 못다 나눈 이야기 땟물 절은 탁자 위를 서성거려도
> 그저 술잔 속에 오도카니 그리움 담아 놓고

가을이 깊어질 때까지
아무도 내 이름 기억하지 말라고 말하고 싶다
계절이 저무는 소리
아득한 꿈결 사이로 밀려들면
캄캄한 눈보라 휘몰아쳐 골짜기를 메워버리는 산야를 찾아
빈 가슴 안고 길을 나서고 싶다
스쳐 지나가는 풍경들 다시 거슬러 오지 않아도 좋을
그곳에서 내 깊은 잠은 더욱 깊어져
서늘한 계절의 풍경 속에서 나도 하나의 풍경이 되고
칼날 같은 바람결에 몸을 맡기면
잎맥부터 지워지는 나무들처럼 내 몸 하나도 지워져 갈 때
빈자리엔 다시 볕이 들고
가벼이 흩어지는 내 몸만큼 세상은 그만큼 헐거워지리라
―「가을에 쓰는 편지」 전문

  하나둘 스러져가며 텅 비어가는 가을에서 겨울로 가는 날의 정서가 그대로 와닿는 시다. 우리네 구차한 삶, 일상에서 우러난 구체적인 시이면서도 속은 참 깊다.
  깊어가는 가을날의 대자연, 우주적 풍광과 정서와 지금 우리네 삶의 현실이 그대로 하나가 돼가고 있다. 쓸쓸하고 비장하지만 삶과 죽음을 대자연의 순환에 순연하게 맡기고 있어 깊고도 넉넉하게 읽힌다. 이렇게 우리 전래의 풍류도는 지금도 우리네 현실적 삶의 핏줄을 흘러내리고 있음을 잘 드러내고 있는 시다.

4. 서정과 토속성을 꿰차는 풍류의 운치와 깊이

> 동안거 수도승 산문 나서고 탁발승 튼 발등에 꽃잎 지는데
> 주지승도 마실 나간 텅 빈 절 마당
>
> 비질하는 어린 스님
> 차운 손등에 스치듯 떨어지는 설중매 한 닢
>
> 먼 산 넘어가는 흰 구름 보며 어디로 가느냐고 묻고 물으며
> 설중매 가지 아래 홀로 서 있는
> 어린 스님 눈동자에 떨어질 듯 맺혀 있는 눈물 한 방울
> ―「설중매」 전문

눈 내리는 가운데서도 꽃을 피워 봄소식을 전하는 '설중매'를 제목, 화두話頭로 잡아 수행하며 한소식을 산뜻하게 전하고 있는 시다. 겨울 한 철 선방에 들어 박힌 참선의 언어도 단 관념이 아니라 구체적 이미지로 잡고 있어 살갑다.

일상언어에 의해 차단되고 가려진 본성이며 실재에 도달하려 함에서 시와 불교의 선禪은 한통속이다. 나와 너의 참모습을 직관, 통찰해내려는 시선과 마음에서는 같다. '대상과 만나 한순간에 터져 나온 자아의 감흥 표현'이 고래로, 동서양의 보편타당한 시의 요체인 서정 본질이고 그런 서정은 선방에서 말하는 '한소식'과 통한다.

서정은 대상과 나, 사물과 사물이 행복하게 만났던 본디

관계의 순간적 회복이다. 너와 나, 삼라만상이 한 유기체라는 동일성의 시학과 과거와 미래가 현재 이 순간에 함께 있다는 순간성의 시학이 서정의 핵심이다.

이런 서정시학은 '일즉다 다즉일―卽多 多卽―'과 '영원도 한 순간'이라는 등의 불교적 세계관, 특히 한순간 문득 깨치는 선의 돈오頓悟각성과 연결된다. 이런 서정과 선은 또 접화군생 하며 끝없이 윤회하는 우리네 풍류도와도 그대로 통한다.

위 시에서도 텅 빈 절 마당, 우주가 설중매 꽃잎 한 닢 떨어지며 살아나고 있지 않은가. 동자승 빗질 수행에 우주가 깨어나며 눈물 한 방울이 곧 그 꽃잎 한 닢이 되어 접화군생 하고 있지 않은가.

    감꽃 필 때 봇짐 들고 떠나던 단발머리 어린 누님

    다시 오지 못한 긴 세월

    두고 간 감꽃목걸이 시들어 갈 때 함께 글썽이던 달

    멈춰 선 낮달 아래 애닯게 핀 뽀얀 감꽃
                                 ―「감꽃 목걸이」 전문

초여름 들어 짙은 녹색 이파리에 숨어 피는 감꽃을 보고 쓴 시다. 어린 시절 주린 배에 따 먹어보기도 하고 목걸이도 만들던 감꽃 그대로가 짠하게 와닿는 시다. 특히 경제개발

이 시작돼 집안 동생들 건사하려 일찍이 도회 공단 등으로 떠난 누님들을 떠올리며 서글프고도 배고팠던 감꽃을 피워올리고 있는 시다.

  위 시에서 '누님'과 '감꽃'과 '낮달'은 하나가 되고 있다. 민족 심성에 뿌리내린 애달프고 배고픈, 한의 정서를 하나로 꿰고 있는 이미지들 아닌가. 그리고 감꽃을 바라보는 순간은 '다시 오지 못한 긴 세월'도 하나로 꿰고 있다. 그래 감꽃처럼 민족적이고 토속적이면서도 오늘의 생생한 서정시로 읽히는 것이다.

    바지랑대 잠자리 까닥까닥 졸고 있는 오후

    빈 마당 소복한 햇살

    흙담 위 늙은 호박 맛있게 익었는데

    저녁은 언제 오나, 더딘 걸음 낮달 배고픈 소년
                                  —「호박죽」전문

  잘 익어가는 호박을 보며 호박죽을 떠올리고 있는 시다. 배고픈 소년 시절 어른들은 논밭 등지로 일하러 나가고 배가 고파 어서 저녁이 되어 식구들과 함께 식사하기를 기다리는 오후 정경을 참 정겹게 그리고 있는 시다.

  흙담 위 호박을 보며 쓴 시면서도 과거와 미래가 현재에 동시에 펼쳐지고 있다. 이게 좋은 서정시의 시제인 영원한 현재진행형 아닐 것인가. 이렇게 최 시인은 퇴행적인, 고리타분한 과거지향적 추억이나 회고가 아니라 현재진행형으로서의 오늘의 생생한 서정시를 쓰고 있다.

> 수평선 저 멀리 밤별 쏟아지는 외진 바닷가
> 창 넓은 집 한 채 지어 볼래요
>
> 물안개 속 떠오르는 해를 맞으며
> 키 작은 굴뚝에 하얀 연기를 몽송몽송 피우며 살아 보아요
>
> 아침 햇살 껴안은 물먹은 몽돌이 드넓은 마당에서
> 보석처럼 빛나고
> 갯바위 옹두라지 여기저기서 갈매기 이웃하며 노래하는 곳
>
> 사람이 살고 있는 세상이 그리울 땐 장독 가득
> 밤별을 채워 놓고서
> 파도처럼 찾아오실 반가운 손님 온밤 지새우며 기다려도 보고
>
> 밤바람에 들려오는 바다의 속삭임
> 소라껍질 빈속으로 불러주는 노래에 세월 가면 가는 대로
> 퍼질고 사는 창 넓은 집 한 채 짓고 살아 볼까요
> ―「여생餘生의 바다」 전문

제목처럼 앞으로 남은 삶은 외딴 바닷가에서 살고 싶다고

노래하고 있는 시다. 낭만적 서사로 읽히면서도 서구적 낭만같이 이국적이거나 감정과 욕구가 과잉되지 않고 잘 절제되어 있다.

'키 작은 굴뚝에 하얀 연기 피어오르고', '장독 가득 밤별 쏟아지는' 그리움을 매우 토속적이고 서정적으로 펼치고 있다.' 소라껍질 빈속으로 불러주는 노래처럼 알맹이, 욕구나 실속은 다 비우고 텅 빈 속 본디로 부르니 죄없이 더 간절하면서도 허정한 깊이를 울리는 노래다.

낭만과 서정을 아우르는 위 시도 풍류에 바탕하고 있다. 결국은 '세월 가면 가는 대로 퍼질러 사는' 자연스러운 삶을 살고 바라고 있지 않은가. 그런 풍류를 살고 자연스레 이야기하더라도 너무 퍼지르지 말고 빼어난 4행시에서 보여주고 있는 서정과 응축에서 나오는 여운의 묘미도 아쉽게 생각나게 하는 시다.

이번 시집 『해파랑 헌화가』는 잘 읽힌다. 토착적 삶과 정서에 바탕해 우리네 심성에 살갑고 신명 나게 안겨든다. 짧은 4행시로 시의 본디와 읽는 맛의 깊이를 돌려주고 있다. 오늘 현실적 삶을 서정적으로 응축해 생생하면서도 우리 민족 전래의 현묘한 사상인 풍류를 파고드는 깊이와 운치가 있다.

시가 날로 길어지고 난삽해져 독자들이 외면하는 요즘 이렇게 응축된 서정과 서사로 척척 감겨드는 시편들 얼마나 좋은가. 민족과 인간의 정체성마저 흔들리는 이때 근원, 뿌리로 돌아가 우리네 변할 수 없는 항심恒心을 드러내고 있어 얼마나 소중한가. 날로 진화하는 이 인공지능 시대에 다시 환골탈태換骨奪胎, 인간성의 르네상스를 부를 시집으로 『해파랑 헌화가』는 읽힌다.

최해춘
경북 경주시 현곡면 가정리 출생.
2006년 『서정시학』으로 등단.
시집 『행복의 초가』, 『허공에 난 길』, 『살다가, 문득』, 『슬픔을 이기는 방법』.

서정시학 시인선 232
해파랑 헌화가
───────────────────────

2025년 7월 29일 초판 1쇄 발행

지 은 이 · 최해춘
펴 낸 이 · 최단아
편집교정 · 정우진
펴 낸 곳 · 도서출판 서정시학
인 쇄 소 · ㈜ 상지사
주 소 · 서울시 서초구 서초중앙로 18, 504호 (서초쌍용플래티넘)
전 화 · 02-928-7016
팩 스 · 02-922-7017
이 메 일 · lyricpoetics@gmail.com
출판등록 · 209-91-66271

ISBN 979-11-92580-61-6 03810

계좌번호: 국민 070101-04-072847 최단아(서정시학)
값 14,000원

  * 잘못된 책은 바꾸어 드립니다.

서정시학 시인선

001 드므에 담긴 삽 강은교, 최동호
002 문열어라 하늘아 오세영
003 허무집 강은교
004 니르바나의 바다 박희진
005 뱀 잡는 여자 한혜영
006 새로운 취미 김종미
007 그림자들 김 참
008 공장은 안녕하다 표성배
009 어두워질 때까지 한미성
010 눈사람이 눈사람이 되는 동안 이태선
011 차가운 식사 박홍점
012 생일 꽃바구니 휘 민
013 노을이 흐르는 강 조은길
014 소금창고에서 날아가는 노고지리 이건청
015 근황 조항록
016 오늘부터의 숲 노춘기
017 끝이 없는 길 주종환
018 비밀요원 이성렬
019 웃는 나무 신미균
020 그녀들 비탈에 서다 이기와
021 청어의 저녁 김윤식
022 주먹이 운다 박순원
023 홀소리 여행 김길나
024 오래된 책 허현숙
025 별의 방목 한기팔
026 사람과 함께 이 길을 걸었네 이기철
027 모란으로 가는 길 성선경
029 동백, 몸이 열릴 때 장창영
030 불꽃 비단벌레 최동호
031 우리시대 51인의 젊은 시인들 김경주 외 50인
032 문턱 김혜영
033 명자꽃 홍성란
034 아주 잠깐 신덕룡
035 거북이와 산다 오문강
036 올레 끝 나기철
037 흐르는 말 임승빈
038 위대한 표본책 이승주
039 시인들 나라 나태주
040 노랑꼬리 연 황학주
041 메아리 학교 김만수
042 천상의 바람, 지상의 길 이승하
043 구름 사육사 이원도
044 노천 탁자의 기억 신원철
045 칸나의 저녁 손순미
046 악어야 저녁 먹으러 가자 배성희

047 물소리 천사 김성춘
048 물의 낯에 지문을 새기다 박완호
049 그리움 위하여 정삼조
050 샤또마고를 마시는 저녁 황명강
051 물어뜯을 수도 없는 숨소리 황봉구
052 듣고 싶었던 말 안경라
053 진경산수 성선경
054 등불소리 이채강
055 우리시대 젊은 시인들과 김달진문학상 이근화 외
056 햇살 마름질 김선호
057 모래알로 울다 서상만
058 고전적인 저녁 이지담
059 더 없이 평화로운 한때 신승철
060 봉평장날 이영춘
061 하늘사다리 안현심
062 유씨 목공소 권성훈
063 굴참나무 숲에서 이건청
064 마침표의 침묵 김완성
065 그 소식 홍윤숙
066 허공에 줄을 긋다 양균원
067 수지도를 읽다 김용권
068 케냐의 장미 한영수
069 하늘 불탱 최명길
070 파란 돛 장석남 외

071 숟가락 사원 김영식
072 행성의 아이들 김추인
073 낙동강 시집 이달희
074 오후의 지퍼들 배옥주
075 바다빛에 물들기 천향미
076 사랑하는 나그네 당신 한승원
077 나무수도원에서 한광구
078 순비기꽃 한기팔
079 벚나무 아래, 키스자국 조창환
080 사랑의 샘 박송희
081 술병들의 묘지 고명자
082 악, 꽁치 비린내 심성술
083 별박이자나방 문효치
084 부메랑 박태현
085 서울엔 별이 땅에서 뜬다 이대의
086 소리의 그물 박종해
087 바다로 간 진흙소 박호영
088 레이스 짜는 여자 서대선
089 누군가 잡았지 옷깃 김정인
090 선인장 화분 속의 사랑 정주연
091 꽃들의 화장 시간 이기철
092 노래하는 사막 홍은택
093 불의 설법 이승하
094 덤불 설계도 정정례

095 영통의 기쁨   박희진
096 슬픔이 움직인다   강호정
097 자줏빛 얼굴 한 쪽   황명자
098 노자의 무덤을 가다   이영춘
099 나는 말하지 않으리   조동숙
100 닥터 존슨   신원철
101 루루를 위한 세레나데   김용화
102 골목을 나는 나비   박덕규
103 꽃보다 잎으로 남아   이순희
104 천국의 계단   이준관
105 연꽃무덤   안현심
106 종소리 저편   윤석훈
107 칭다오 잔교 위   조승래
108 둥근 집   박태현
109 뿌리도 가끔 날고 싶다   박일만
110 돌과 나비   이자규
111 적빈赤貧의 방학   김종호
112 뜨거운 달   차한수
113 나의 해바라기가 가고 싶은 곳   정영선
114 하늘 우체국   김수복
115 저녁의 내부   이서린
116 나무는 숲이 되고 싶다   이향아
117 잎사귀 오도송   최명길
118 이별 연습하는 시간   한승원

119 숲길 지나 가을   임승천
120 제비꽃 꽃잎 속   김명리
121 말의 알   박복조
122 파도가 바다에게   민용태
123 지구의 살점이 보이는 거리   김유섭
124 잃어버린 골목길   김구슬
125 자물통 속의 눈   이지담
126 다트와 주사위   송민규
127 하얀 목소리   한승헌
128 온유   김성춘
129 파랑은 어디서 왔나   성선경
130 곡마단 뒷마당엔 말이 한 마리 있었네   이건청
131 넘나드는 사잇길에서   황봉구
132 이상하고 아름다운   강재남
133 밤하늘이 시를 쓰다   김수복
134 멀고 먼 길   김초혜
135 어제의 나는 내가 아니라고   백 현
136 이 순간을 감싸며   박태현
137 초록방정식   이희섭
138 뿌리에 관한 비망록   손종호
139 물속 도시   손지안
140 외로움이 아깝다   김금분
141 그림자 지우기   김만복
142 The 빨강   배옥주

143 아무것도 아닌, 모든   변희수
144 상강 아침   안현심
145 불빛으로 집을 짓다   전숙경
146 나무 아래 시인   최명길
147 토네이토 딸기   조연향
148 바닷가 오월   정하해
149 파랑을 입다   강지희
150 숨은 벽   방민호
151 관심 밖의 시간   강신형
152 하노이 고양이   유승영
153 산산수수화화초초   이기철
154 닭에게 세 번 절하다   이정희
155 슬픔을 이기는 방법   최해춘
156 플로리안 카페에서 쓴 편지   한이나
157 너무 아픈 것은 나를 외면한다   이상호
158 따뜻한 편지   이영춘
159 기울지 않는 길   장재선
160 동양하숙   신원철
161 나는 구부정한 숫자예요   노승은
162 벽이 내게 등을 내주었다   홍영숙
163 바다, 모른다고 한다   문 영
164 향기로운 네 얼굴   배종환
165 시 속의 애인   금동원
166 고독의 다른 말   홍우식

167 풀잎을 위한 노래   이수산
168 어리신 어머니   나태주
169 돌속의 울음   서영택
170 햇볕 좋다   권이영
171 사랑이 돌아오는 시간   문현미
172 파미르를 베고 누워   김일태
173 사랑혀유, 걍   김익두
174 있는 듯 없는 듯   박이도
175 너에게 잠을 부어주다   이지담
176 행마법   강세화
177 어느 봄바다 활동성 어류에 대한 보고서   조승래
178 터무니   유안진
179 길 위의 피아노   김성춘
180 이혼을 결심하는 저녁에는   정혜영
181 파도 땋는 아바이   박대성
182 고등어가 있는 풍경   한경용
183 0도의 사랑   김구슬
184 눈물을 조각하여 허공에 걸어 두다   신영조
185 미르테의 꽃, 슈만   이수영
186 망와의 귀면을 쓰고 오는 날들   이영란
187 속삭이는 바나나   지정애
188 더러, 사랑이기 전에   김판용
189 물빛 식탁   한이나
190 두 개의 거울   주한태

191 만나러 가는 길 김초혜

192 분꽃 상처 한 잎   장 욱

196 하얗게 말려 쓰는 슬픔 김선아

197 극락조를 기다리며 허창무

198 늦은 봄날   윤수천

199 뒤뚱거리는 마을 이은봉

200 신의 정원에서 박용재

201 바다로 날아간 나비 이병구

202 절벽 아래 파안대소 이병석

203 숨죽이며 기다리는 결정적 순간 박병원

204 왜왜 김상환

205 사랑의 시차   박일만

206 목숨 건 사랑이 불시착했다   안영희

207 달팽이 향수병 양해연

208 기억은 시리고 더듬거린다   김윤

209 빛으로 남은 줄 알겠지   이인평

210 시간의 길이 유자효

211 속삭임   오탁번

212 느닷없이 애플파이 김정인

213 탕탕   석연경

214 수평선은 물에 젖지 않는다   동시영

215 굿모닝, 삐에로 박종명

216 고요, 신화의 속살 같은   한승원

217 지구가 멈춘 순간   정우진

218 치킨과 악마   김우

219 천 개의 질문   조직형

220 그림 속 나무 김선영

221 서향집 이관묵

222 동백아, 눈 열어라   안화수

223 참회록을 쓰고 싶은 날   이영춘

224 등불 앞에서 내 마음 아득하여라   오세영

225 리을리을   배옥주

226 나무늘보의 독보 권영해

227 별이 빛나는 서대문형무소   문현미

228 씀바귀와 쑥부쟁이   윤정구

229 구름의 슬하   이영란

230 힘없는 질투   김조민

231 그림자의 섬   김구슬